...TION DES PROPRIÉTAIRES D'APPAREILS A VAPEUR
DE LA SOMME, DE L'AISNE ET DE L'OISE
...onnue comme Établissement d'utilité publique par Décret du 24 Juillet 1895

Lois et Règlements

En vigueur depuis NOVEMBRE 1907

concernant les

APPAREILS A VAPEUR

N° 2

EXTRAITS

concernant les

RÉCIPIENTS DE VAPEUR

placés à demeure

(2e Édition)

Loi du 21 Juillet 1856. — Loi du 18 Avril 1900.
Rapport du 7 Octobre 1907 au Président de la République.
Décret du 9 Octobre 1907.
Circulaire Ministérielle du 29 Octobre 1907.

EN VENTE :

Chez M. COURTIN-HECQUET, Libraire

Rue Delambre, à AMIENS

PRIX : O fr. 50 ; FRANCO : O fr. 60

AMIENS

IMPRIMERIE TYPO-LITHOGRAPHIQUE T. JEUNET

45, RUE DES CAPUCINS, 45

1909

EXTRAITS

DES

LOIS & RÈGLEMENTS

Mis en vigueur en Novembre 1907

concernant les

APPAREILS A VAPEUR

NOMENCLATURE DES EXTRAITS PARUS

N° 1. *Locomobiles. Locomotives.* (2me Édition)
Prix : 0 fr. 50 ; Franco ; 0 fr. 60.

N° 2. *Récipients de Vapeur fixes.* (2me Édition)
Prix : 0 fr. 50 ; Franco : 0 fr 60.

N° 3. *Accidents. — Responsabilités, Pénalités, Mesures à prendre.*
Prix : 0 fr. 50; Franco : 0 fr. 60.

N° 4. *Déclarations.*
Prix : 0 fr. 50; Franco : 0 fr. 60.

N° 5. *Classifications, Emplacement.*
Prix : 0 fr. 50; Franco : 0 fr. 60.

N° 6. *Disposition des Chaufferies.*
Prix : 0 fr. 50; Franco : 0 fr. 60.

N° 7. *Réchauffeurs, Sécheurs et Surchauffeurs.*
Prix : 0 fr. 50; Franco : 0 fr. 60.

N° 8. *Appareils de Sûreté et Accessoires.*
Prix : 0 fr. 75; Franco : 0 fr. 85.

N° 9. *Obligations des Constructeurs.*
Prix : 0 fr. 50; Franco : 0 fr. 60.

N° 10. *Épreuves, Visites, Entretien.*
Prix : 0 fr. 75; Franco : 0 fr. 85.

N° 11. *Chaudières de deuxième et troisième catégorie.*
Prix : 0 fr. 50; Franco : 0 fr. 60.

En vente chez M. COURTIN-HECQUET, libraire, rue Delambre, à Amiens

LOIS ET RÈGLEMENTS

en vigueur depuis Novembre 1907

Concernant les Récipients de Vapeur placés à demeure

———~~~✳~~~———

LOI, DU 21 JUILLET 1856,

concernant les contraventions aux règlements sur les appareils
et bateaux à vapeur

———

TITRE Iᵉʳ

Des contraventions relatives à la vente des appareils à vapeur

. . . .

ART. 2. — (*Modifié par l'art. 1ᵉʳ de la Loi du
18 Avril 1900*).

TITRE II.

*Des contraventions relatives à l'usage des appareils à vapeur
établis ailleurs que sur les bateaux.*

ART. 3. — ART. 4. — (*Modifiés par l'art 1ᵉʳ de la Loi du
18 Avril 1900*).

ART. 5. — (*Abrogé par l'art. 1ᵉʳ de la Loi du 18 Avril 1900*).

ART. 6. — ART. 7. — (*Modifiés par l'art. 1ᵉʳ de la Loi
du 18 Avril 1900*).

TITRE III.

*Des contraventions relatives aux bateaux à vapeur et aux
appareils à vapeur placés sur ces bateaux.*

. . . .

TITRE IV.

Dispositions Générales.

ART. 19. — En cas de récidive, l'amende et la durée de
l'emprisonnement peuvent être élevées au double du
maximum porté dans les articles précédents.

Il y a récidive lorsque le contrevenant a subi, dans les douze mois qui précèdent, une condamnation en vertu de la présente loi.

Art. 20. — Si les contraventions prévues dans le... titres II. ... de la présente loi ont occasionné des blessures, la peine sera de huit jours à six mois d'emprisonnement et l'amende de 50 à 1000 francs ; si elles ont occasionné la mort d'une ou plusieurs personnes, l'emprisonnement sera de six mois à cinq ans, et l'amende de 300 à 3.000 francs.

Art. 21. — Les contraventions prévues par la présente loi sont constatées par les Ingénieurs des mines, les Ingénieurs des ponts et chaussées, les gardes mines, les conducteurs et autres employés des ponts et chaussées et des mines, commissionnés à cet effet, les maires et adjoints, les commissaires de police, et, en outre, pour les bateaux à vapeur. .

. . . .

Art. 22 — Les procès-verbaux dressés en exécution de l'article précédent sont visés pour timbre et enregistrés en débet.

Ceux qui ont été dressés par des agents de surveillance et gardes assermentés doivent, à peine de nullité, être affirmés dans les trois jours devant le juge de paix ou le maire, soit du lieu du délit, soit de la résidence de l'agent.

Lesdits procès-verbaux font foi jusqu'à preuve contraire.

. . . .

Art. 23. — L'article 463 du code pénal (1) est applicable aux condamnations prononcées en exécution de la présente loi.

(1) Voir page 7.

LOI, DU 18 AVRIL 1900,

concernant les contraventions aux règlements sur les appareils
à pression de vapeur ou de gaz
et sur les bateaux à bord desquels il en est fait usage.

ARTICLE PREMIER. — L'article 5 de la loi du 21 juillet 1856, concernant les contraventions aux règlements sur les appareils..... à vapeur, est abrogé.

Les articles 2, 3, 4, 6 et 7 de la même loi sont remplacés par les dispositions suivantes :

« ART. 2. — Est puni d'une amende de 50 à 500 francs tout fabricant qui a livré un récipient à vapeur sans que ledit récipient ait été soumis aux épreuves prescrites par les règlements.

« ART 3. — Est puni d'une amende de 25 à 500 francs quiconque a fait usage..... d'un récipient à vapeur sur lesquels ne seraient pas appliqués les timbres constatant qu'ils ont été soumis aux épreuves et vérifications prescrites par les règlements d'administration publique.

« Est puni de la même peine quiconque, après avoir fait faire·.... à un récipient à vapeur des changements ou réparations notables, a fait usage de l'appareil modifié ou réparé sans en avoir donné avis au préfet, ou sans qu'il ait été soumis de nouveau, dans le cas où le préfet l'aurait ordonné, à la pression d'épreuve correspondant au numéro du timbre dont il est frappé.

« Art. 4. — Est puni d'une amende de 25 à 500 francs quiconque a fait usage..... d'un récipient à vapeur sans avoir fait la déclaration exigée par les règlements d'administration publique.

« L'amende est de 100 à 1.000 francs si l'appareil, dont il a été fait usage sans déclaration préalable, n'est pas revêtu des timbres mentionnés à l'article précédent.

« Art. 6. — Quiconque après avoir fait la déclaration prescrite, fait usage .... d'un récipient à vapeur sans s'être conformé aux prescriptions des règlements, en ce qui concerne les appareils de sûreté, est puni d'une amende de 25 à 200 francs. Est puni de la même peine quiconque continue à faire usage..... d'un récipient à vapeur, alors que les appareils de sûreté et les dispositions du local ont cessé de satisfaire aux prescriptions réglementaires.

« Art. 7. — Le chauffeur ou le mécanicien qui a fait fonctionner..... un récipient à vapeur à une pression supérieure au dégré indiqué sur le timbre, ou qui a..... faussé ou paralysé les..... appareils de sûreté, est puni d'une amende de 25 à 500 francs et peut être, en outre, condamné à un emprisonnement de trois jours à un mois.

« Le propriétaire, le chef de l'entreprise, le directeur, le gérant ou le préposé par les ordres duquel a eu lieu la contravention prévue au présent article est puni d'une amende de 100 à 1.000 francs et peut être condamné à un emprisonnement de six jours à deux mois. »

Art 2. — Les contraventions aux règlements sur la police des appareils.... à vapeur, autres que celles qui sont frappées de peines spéciales par la loi du 21 juillet 1856, sont punies d'une amende de 16 à 100 francs.

Les peines édictées par l'article 20 de la loi du 21 juillet 1856 sont applicables si les contraventions prévues au paragraphe précédent ont occasionné des blessures ou la mort d'une ou de plusieurs personnes.

Art. 3. — Le tribunal peut, en cas de récidive, indépen

damment de l'élévation de peine prévue par l'article 19 de la loi du 21 juillet 1856, ordonner, aux frais du contrevenant, l'affichage du jugement et des insertions dans les journaux.

. . . . , ...

ART 5. — L'article 463 du Code pénal (1) est applicable aux condamnations prononcées en vertu de la présente loi.

---

(1) Code pénal (art. 463) .. Dans tous les cas où la peine de l'emprisonnement et celle de l'amende sont prononcées par le Code pénal, si les circonstances paraissent atténuantes, les tribunaux correctionnels sont autorisés, même en cas de récidive, à réduire l'emprisonnement même au-dessous de six jours et l'amende même au-dessous de seize francs; ils pourront aussi prononcer séparément l'une ou l'autre de ces peines, et même substituer l'amende à l'emprisonnement, sans qu'en aucun cas elle puisse être au-dessous des peines de simple police.

Ministère des Travaux publics, des Postes et des Télégraphes

RAPPORT

AU PRÉSIDENT DE LA RÉPUBLIQUE

Paris, le 7 Octobre 1907.

MONSIEUR LE PRÉSIDENT,

XI. — Le décret du 25 janvier 1865 avait laissé les récipients de vapeur hors de toute réglementation. Le décret de 1880 a réglementé certains de ces appareils ; mais il n'a visé que ceux au moyen desquels une matière est élaborée ou bien ceux dans lesquels de l'eau à haute température est emmagasinée pour fournir ensuite un dégagement de chaleur ou de vapeur. Le nouveau règlement substitue une notion plus large et plus simple à des définitions particularistes, ainsi que l'a fait déjà le décret du 1er février 1893, relatif aux appareils à vapeur de la navigation maritime. Il protège, mieux que par le passé, les récipients de vapeur contre les excès de pression et contre l'affaiblissement par usure, causes principales d'explosion pour ces appareils. Enfin, il exclut de l'intérieur des maisons habitées ceux qui ont à la fois un grand volume et une forte pression.

Le Ministre des Travaux Publics,
des Postes et des Télégraphes,

Louis BARTHOU.

Décret du 9 Octobre 1907 [1]

ARTICLE PREMIER, — Sont soumis aux formalités et aux mesures prescrites par le présent règlement :

2° Les récipients définis ci-après (titre V).

TITRE Ier.

MESURES DE SURETÉ RELATIVES AUX CHAUDIÈRES PLACÉES A DEMEURE.

ART. 2. — Aucune chaudière neuve ne peut être mise en service qu'après avoir subi l'épreuve réglementaire ci-après définie. Cette épreuve doit être faite chez le constructeur et sur sa demande (2).

Toutefois, elle pourra être faite sur le lieu d'emploi dans les circonstances et sous les conditions qui seront fixées par le Ministre.

Toute chaudière venant de l'étranger est éprouvée avant sa mise en service, sur le point du territoire français désigné par le destinataire dans sa demande.

ART. 3. — *Lorsqu'une chaudière a subi, dans un atelier de construction ou de réparation, des changements ou des réparations notables, l'épreuve doit être renouvelée sur la demande du constructeur ou du réparateur.*

---

(1) Voir *Journal Officiel* du 31 Octobre 1907.
(2) Les passages comportant une addition au texte du décret du 30 Avri 1880 sont imprimés en italiques.

Le renouvellement de l'épreuve peut être exigé de celui qui fait usage d'une chaudière :

1° Lorsque la chaudière, ayant déjà servi, est l'objet d'une nouvelle installation ;

2° Lorsqu'elle a subi une réparation notable ;

3° Lorsqu'elle est remise en service après un chômage *de plus d'un an.*

A cet effet, l'intéressé devra informer l'ingénieur des mines de ces diverses circonstances. En particulier, si l'épreuve exige la démolition du massif du fourneau ou l'enlèvement de l'enveloppe de la chaudière et un chômage plus ou moins prolongé, cette épreuve pourra ne point être exigée, lorsque des renseignements authentiques sur l'époque et les résultats de la dernière visite, intérieure et extérieure, constitueront une présomption suffisante en faveur du bon état de la chaudière. Pourront être notamment considérés comme renseignements probants les certificats délivrés aux membres des associations de propriétaires d'appareils à vapeur par celles de ces associations que le Ministre aura désignées.

Le renouvellement de l'épreuve est exigible également lorsque, à raison des conditions dans lesquelles une chaudière fonctionne, il y a lieu, par l'ingénieur des mines, d'en suspecter la solidité.

Dans tous les cas, lorsque celui qui fait usage d'une chaudière contestera la nécessité d'une nouvelle épreuve, il sera, après une instruction où celui-ci sera entendu, statué par le Préfet.

L'intervalle entre deux épreuves consécutives *ne doit pas* être supérieur à dix années. Avant l'expiration de ce délai, celui qui fit usage d'une chaudière à vapeur doit lui-même demander le renouvellement de l'épreuve.

Toutefois, il peut être sursis à la réépreuve décennale, sur l'autorisation de l'ingénieur des mines, lorsqu'une association de propriétaires d'appareils à vapeur, agréée à cet effet par le Ministre, certifie le bon état de l'appareil dans toutes ses parties.

Art. 4 — L'épreuve consiste à soumettre la chaudière à une pression hydraulique supérieure à la pression effective qui ne doit point être dépassée dans le service. Cette pression d'épreuve sera maintenue pendant le temps nécessaire à l'examen de la chaudière.

Toutes les parties *de celle-ci* doivent pouvoir être visitées.

Toutefois, pour les réépreuves sur le lieu d'emploi, l'ingénieur en chef aura la faculté d'autoriser des atténuations à cette règle, dans la mesure et sous les conditions précisées par les instructions du Ministre.

Pour les appareils neufs et pour ceux ayant subi des changements notables ou de grandes réparations, la surcharge d'épreuve est égale, *en kilogrammes par centimètre carré :*

A la pression effective, *avec minimum de 1/2, si le timbre n'excède pas 6 ;*

A 6, si le timbre est supérieur à 6 sans excéder 20 ;

Dans les autres cas (1), *la surcharge d'épreuve est moitié de celle résultant des indications qui précèdent.*

L'épreuve est faite sous la direction *et en la présence* de l'ingénieur *ou du contrôleur des mines.*

Elle n'est pas exigée pour l'ensemble d'une chaudière dont les diverses parties, éprouvées séparément, ne doivent être réunies que par des tuyaux placés, sur tout leur parcours, en dehors du foyer et des conduits de flamme, et dont les joints peuvent être facilement démontés.

Le chef de l'établissement où se fait l'épreuve fournit la main-d'œuvre et les appareils nécessaires à l'opération.

Art. 5. — Après qu'une chaudière ou partie de chaudière a été éprouvée avec succès, il y est apposé un *ou plusieurs* timbres indiquant, en kilogrammes par centimètre carré, la pression effective que la vapeur ne doit pas dépasser.

Les timbres sont poinçonnés et reçoivent trois nombres indiquant le jour, le mois et l'année de l'épreuve.

Un de ces timbres est placé de manière à être toujours apparent après la mise en place de la chaudière.

---

(1) Voir à la fin le Tableau des pressions d'épreuve, page 31.

Toute chaudière neuve présentée à l'épreuve doit porter une plaque d'identité indiquant :

1° *Le nom du constructeur ;*

2° *Le lieu, l'année et le numéro d'ordre de fabrication.*

. . . .

ART. 7 — Chaque chaudière est munie de deux soupapes de sûreté, chargées de manière à laisser la vapeur s'écouler dès que sa pression effective atteint la limite maximum indiquée par le timbre réglementaire.

Chacune de ces soupapes doit suffire *pour évacuer à elle seule et d'elle-même toute la vapeur produite, dans toutes les circonstances du fonctionnement, sans que la pression effective dépasse de plus de 1/10ᵉ la limite ci-dessus.*

Les mesures nécessaires doivent être prises pour que l'échappement de la vapeur ou de l'eau chaude ne puisse pas occasionner d'accident.

. . . .

ART. 9. — Toute chaudière est munie d'un manomètre en bon état placé en vue du chauffeur et gradué de manière à indiquer en kilogrammes *par centimètre carré* la pression effective de la vapeur dans la chaudière.

Une marque très apparente indique sur l'échelle du mano-mètre la limite que la pression effective ne doit point dépasser.

La chaudière est munie d'un ajutage terminé par une bride de 4 centimètres de diamètre et 5 millimétres d'épais-seur, disposée pour recevoir le manomètre vérificateur.

. . . .

TITRE II

ÉTABLISSEMENT DES CHAUDIÈRES A VAPEUR
PLACÉES A DEMEURE

ART. 19. — Toute chaudière à vapeur destinée à être employée à demeure ne peut être mise en service qu'après une déclaration adressée par celui qui fait usage du générateur au préfet du département. Cette déclaration est enregistrée à sa date Il en est donné acte. Elle est communiquée sans délai à l'ingénieur en chef des Mines·

ART. 20. — La déclaration fait connaître avec précision :

1° Le nom et le domicile du vendeur de la chaudière ou l'origine de celle-ci ;

2° *Le nom et le domicile de celui qui se propose d'en faire usage ;*

3° La commune et le lieu où elle est établie ;

4° La forme, la capacité et la surface de chauffe ;

5° Le numéro du timbre règlementaire ;

6° Un numéro distinctif de la chaudière, si l'établissement en possède plusieurs ;

7° Enfin le genre d'industrie et l'usage auquel elle est destinée.

Tout changement dans l'un des éléments déclaré entraîne l'obligation d'une déclaration nouvelle.

ART. 21. — Les chaudières *et les groupes générateurs se classent, sous le rapport des conditions d'emplacement,* en trois catégories.

Cette classification a *pour base* le produit *V (t-100)* (1) *où* t *représente,* en degrés centigrades, la température de *vapeur saturée* correspondant *au* timbre *de la chaudière,* conformément à la table annexée au présent décret, et *où V désigne,* en mètres cubes, la capacité de la chaudière. ..... *abstraction faite des parties de cette capacité qui seraient constituées par des tubes ne mesurant pas plus de 10 centimètres de diamètre intérieur, ainsi que par les pièces de jonction entre ces tubes n'ayant pas plus d'un décimètre (2) carré de section intérieure.*

. . . .

---

(1) Voir table, page 18.

(2) Le *Journal officiel* a imprimé par erreur 1 centimètre, au lieu de 1 décimètre.

TITRE V.

RÉCIPIENTS,

ART 33. — Sont soumis aux dispositions suivantes les récipients de formes diverses, d'une capacité de plus de 100 litres, *qui reçoivent* de la vapeur d'eau empruntée à un générateur distinct. *Sont exceptés toutefois :*

1º *Ceux dans lesquels des dispositions matérielles efficaces empêchent la pression effective de cette vapeur de dépasser* 3oo *grammes par centimètre carré ;*

2• *Les cylindres de machines, avec ou sans enveloppes, les enveloppes de turbines, les tuyauteries.*

ART. 34. — Ces récipients sont *soumis aux* épreuves et assujettis à la déclaration..... conformément aux articles 2 à 5 (1) *et aux articles 19 et 20, s'ils sont installés à demeure.....*

. . . .

ART. 35. — *Tout* récipient, *dont le timbre n'est pas au moins égal à celui de la chaudière ou des chaudières dont il dépend, doit être garanti contre les excès de pression par une soupape de sûreté si sa capacité est inférieure à 1 mètre cube, ou par deux soupapes de sûreté si sa capacité atteint ou dépasse 1 mètre cube. Cette soupape ou ces soupapes doivent remplir par rapport au timbre du récipient, les conditions fixées à l'article 7.*

Elles *peuvent* être placées, soit sur le récipient lui-même, soit sur le tuyau d'arrivée de la vapeur, entre le robinet et le récipient.

ART. 36. — *Lorsqu'un récipient ou un groupe de récipients formant un même appareil doit, en vertu de l'article 35, être muni d'une ou de deux soupapes de sûreté, il doit également être muni d'un manomètre et d'un ajutage remplissant les conditions spécifiées à l'article 9.*

ART. 37. — *Un récipient est considéré comme n'ayant aucun produit caractésistique, s'il ne renferme pas norma-*

---

(1) Le *Journal Officiel* a imprimé par erreur 2 et 5, au lieu de 2 à 5.

lement d'eau à l'état liquide et s'il est pourvu d'un appareil de purge fonctionnant d'une manière efficace et évacuant l'eau de condensation à mesure qu'elle prend naissance. S'il n'en est pas ainsi, son produit caractéristique est le pro- duit V (t-100) calculé comme pour une chaudière (1).

Un récipient installé à demeure, dont le produit carac- téristique excède 200, doit être en dehors de toute maison habitée et de tout bâtiment fréquenté par le public.

TITRE VI.

DISPOSITIONS GÉNÉRALES.

ART. 38. — Le ministre peut, sur le rapport des ingénieurs des Mines, l'avis du préfet et celui de la Commission cen- trale des machines à vapeur, accorder dispense de tout ou partie des prescriptions du présent décret, dans le cas où il serait reconnu que cette dispense ne peut pas avoir d'incon- vénient.

ART. 39. — Les ...... récipients à vapeur en activité, ainsi que leurs appareils et dispositifs de sûreté, doivent être constamment en bon état d'entretien et de service.

. . . .

L'exploitant est tenu d'assurer en temps utile les net- toyages, les réparations et les remplacements nécessaires.

A l'effet de reconnaître l'état de chaque appareil à vapeur et de ses accessoires, il doit faire procéder, par une per- sonne compétente, aussi souvent qu'il est nécessaire et au minimum une fois chaque année, à l'examen défini à l'ar- ticle 40.

Cet examen doit, notamment, avoir lieu dans chacun des cas mentionnés à l'article 3.

Lorsque l'appareil arrive à l'expiration de la période décennale.... visée aux articles 3..... il doit être procédé audit examen, soit préalablement à l'octroi du sursis prévu par ces articles, soit, si l'épreuve a lieu, aussitôt après cette épreuve.

_____

(1) Voir table, page 18.

ART. 40. — *L'examen consiste dans* une visite complète *de l'appareil*, tant à l'intérieur qu'à l'extérieur.

Le visiteur dresse, de chaque examen, un compte rendu mentionnant les résultats de l'examen et les défauts qui auraient été constatés. Ce compte rendu, daté et signé par le visiteur, doit être représenté par l'exploitant à toute réquisition du service des mines.

. . . .

ART. 41. — *L'exploitant doit tenir un registre d'entretien, où sont notés à leur date, pour chaque appareil à vapeur, les épreuves, les examens intérieurs et extérieurs, les nettoyages et les réparations. Ce registre doit être coté et paraphé par un représentant de l'autorité chargée de la police locale. Il est présenté à toute réquisition des fonctionnaires du service des Mines.*

. . . .

ART. 43. — *Les conditions fixées par les articles 7..... ainsi que celles relatives à l'emplacement..... des récipients, ne sont pas applicables aux appareils installés ou mis en service avant la promulgation du présent décret et satisfaisant, sur ces points, aux règlements antérieurs.*

ART. 44. — Les contraventions au présent règlement sont constatées, poursuivies et réprimées conformément aux lois.

ART. 45 — En cas d'accident ayant occasionné la mort ou des blessures, le chef de l'établissement doit prévenir immédiatement *le maire de la commune* et l'ingénieur des Mines chargé de la surveillance. L'ingénieur se rend sur les lieux, dans le plus bref délai, pour visiter les appareils, en constater l'état et rechercher les causes de l'accident. Il rédige sur le tout :

1° Un *procès-verbal des constatations faites* qu'il adresse *à l'ingénieur en chef et que celui-ci fait parvenir* au procureur de la République *avec son avis ;*

2° Un rapport qui est adressé au préfet, par l'intermédiaire et avec l'avis de l'ingénieur en chef.

Si l'ingénieur des Mines délègue le contrôleur subdivisionnaire des Mines pour se rendre sur les lieux, ce dernier établit et signe le procès-verbal et le rapport. Il les adresse à l'ingé-nieur des Mines et celui-ci les transmet avec ses observations à l'ingénieur en chef, qui procède comme il est dit ci-dessus.

En cas d'accident n'ayant occasionné ni mort ni blessure, *le chef de l'établissement n'est tenu de prévenir que l'ingé-nieur des Mines. L'enquête est faite sur place par l'ingénieur ou, par délégation de l'ingénieur, par le contrôleur subdivi-sionnaire. L'ingénieur ou le contrôleur qui a procédé à l'en-quête rédige un rapport qui est adressé au préfet comme dans le premier cas*

En cas d'explosion, les constructions ne doivent point être réparées et les fragments de l'appareil rompu ne doivent point être déplacés ou dénaturés avant la constatation de l'état des lieux par l'ingénieur.

Art. 46. — Par exception, le ministre pourra confier la surveillance des appareils à vapeur aux ingénieurs ordi-naires et aux conducteurs des Ponts et Chaussées, sous les ordres de l'ingénieur en chef des Mines de la circonscription.

. . . .

Art 49. — *Sont rapportés les décrets du 30 avril 1880 et du 29 juin 1886.*

Art. 50 — Le Ministre des Travaux publics, *des Postes et des Télégraphes*, est chargé de l'exécution du présent décret, qui sera *publié* au *Journal officiel et* inséré au *Bulle-tin des lois.*

Fait à Rambouillet, le 9 Octobre 1907.

A FALLIÈRES.

Par le Président de la République :

Le Ministre des Travaux Publics, des Postes et des Télégraphes,

Louis BARTHOU

Suite au Décret du 9 Octobre 1907

CALCUL DE V (t-100).

(Voir articles 21 et 37)

Table donnant la température (en degrés centigrades) de l'eau correspondant à une pression donnée (en kilogrammes effectifs).

VALEURS CORRESPONDANTES			
de la pression effective en kilogrammes.		de la température en degrés centigrades.	
0.5	10.5	111	185
1.0	11.0	120	187
1.5	11.5	127	189
2.0	12.0	133	191
2.5	12.5	138	193
3.0	13.0	143	194
3.5	13.5	147	196
4.0	14.0	151	197
4.5	14.5	155	199
5.0	15.0	158	200
5.5	15.5	161	202
6.0	16.0	164	203
6.5	16.5	167	205
7.0	17.0	170	206
7.5	17.5	173	208
8.0	18.0	175	209
8.5	18.5	177	210
9.0	19.0	179	211
9.5	19.5	181	213
10.0	20.0	183	214

Paris, le 29 octobre 1907.

Le MINISTRE des TRAVAUX PUBLICS, des POSTES ET des TÉLÉGRAPHES

A Monsieur le Préfet du Département d

. . . .

7. — **Objet de la circulaire.** — La présente circulaire a pour objet :

8. — 1° De faire ressortir les principaux changements apportés à la précédente réglementation et de donner, au sujet de chacun des articles modifiés, les explications nécessaires pour servir de guide dans leur application ;

9. — 2° De signaler diverses conditions de sécurité qui n'ont pas pris place au nombre des prescriptions du texte réglementaire, mais sur lesquelles le service des Mines devra, dans l'exercice de sa mission de surveillance, attirer l'attention des constructeurs et des usagers d'appareils à vapeur ;

10. — 3° De fournir quelques indications d'ordre général sur l'exécution du règlement.

CHAPITRE I

CHANGEMENTS APPORTÉS A LA RÉGLEMENTATION

. . . .

TITRE PREMIER

MESURES DE SURETÉ RELATIVES AUX CHAUDIÈRES PLACÉES A DEMEURE.

. . . .

31. — Art. 4. — *Manière de procéder à l'épreuve.* — Le nouveau décret permet de régler la question de la mise à nu des appareils présentés à l'épreuve, de manière à satisfaire,

sans rigueur inutile, à toutes les exigences de la sécurité. Le principe, d'où il faut partir, est qu'une épreuve n'a toute la valeur nécessaire que si elle est accompagnée d'un examen complet des tôles et des assemblages ; c'est pourquoi, lorsqu'il s'agit d'un renouvellement d'épreuve sur le lieu d'emploi, le service des Mines exige l'enlèvement des enveloppes calorifuges et, s'il s'agit de chaudières environnées de maçonneries, la démolition de celles-ci. Toutefois, il est des cas où l'examen pendant l'épreuve peut être rendu pratiquement complet sans que la démolition soit intégrale, à la condition que le visiteur chargé de cet examen s'introduise dans des espaces étroits, se glisse dans des passages difficiles. Si la visite doit être ainsi faite, l'ingénieur ou le contrôleur des Mines ne peut l'effectuer à lui seul. C'est dans ces circonstances que sera mise à profit la faculté conférée à l'ingénieur en chef des Mines par le nouveau texte de l'article 4. Moyennant l'autorisation de ce chef de service, la visite des tôles et des assemblages pendant l'épreuve, dans les parties difficilement accessibles, pourra être faite par un visiteur étranger à l'Administration, pourvu qu'il soit compétent et digne de foi. Il appartiendra à l'ingénieur en chef des Mines de n'accorder l'autorisation dont il s'agit que si la visite ainsi organisée peut être pratiquement complète et réellement démonstrative. Le visiteur qui collaborera à l'épreuve devra remettre à l'ingénieur ou au contrôleur des Mines un rapport rendant compte des vérifications qu'il aura faites. En outre, ce visiteur procédera, après l'épreuve, à une visite intérieure de l'appareil, dont il établira un compte rendu qui sera remis au service des Mines.

32. — Il va sans dire que, dans tous les cas, le fonctionnaire du service des Mines n'a pas seulement à constater la réussite de l'épreuve hydraulique, mais doit faire lui-même, dans la mesure du possible, l'examen de l'appareil, en apportant un soin tout particulier à l'inspection des parties les plus susceptibles de présenter des défectuosités.

33. — L'attention de l'exploitant devra être appelée, toutes les fois qu'il y aura lieu, sur les résultats de l'examen.

34. — Comme par le passé, lorsqu'il s'agit d'une épreuve motivée par une réparation notable faite sur place, l'appareil peut être présenté dans des conditions permettant seulement l'examen de la partie réparée ; mais, en ce cas, l'épreuve ne compte pas dans le calcul de la période réglementaire de renouvellement et ne donne point lieu à poinçonnage.

35. — *Surcharge d'épreuve*. — Les règles relatives à la surcharge d'épreuve ont été revisées dans le double but :

36. — 1º De rendre cette surcharge suffisante dans le cas des appareils à très haute pression ;

37. — 2º De ne pas fatiguer inutilement les appareils (1).

. . . . , ...

39 — ART 5. *Timbres d'épreuves. Plaques d'identité*. — Le texte de 1880 ne prévoyait qu'un timbre par pièce éprouvée. Souvent les appareils soumis à l'épreuve se composent de plusieurs parties faciles à séparer les unes des autres et sur chacune desquelles il est avantageux qu'un timbre distinct soit apposé. La rédaction nouvelle prévoit cette solution, au sujet de laquelle l'accord s'établira facilement entre les intéressés et le service des Mines.

40. — L'innovation relative à la plaque d'identité est destinée à rendre plus facile la détermination de l'origine des appareils, dans les diverses circonstances où cette détermination peut être utile.

. . . .

43. — ART. 7. *Soupapes de sûreté des chaudières à vapeur*. — Le rôle des soupapes de sûreté n'est pas défini dans les mêmes termes qu'en 1880. A cette époque, on regardait les soupapes comme incapables d'empêcher les excès de pression par leur seul jeu automatique ; il convenait, pensait-on, de prévoir que le conducteur de l'appareil aurait à les décharger ou à les soulever. Cette intervention de l'ouvrier ne rentre pas dans les habitudes industrielles et

(1) Voir á la fin le Tableau des Pressions d'Epreuve, page 31.

serait même une cause de danger grave si la soupape n'était pas pourvue de dispositions spéciales en vue de cette manœuvre. En réalité, les soupapes peuvent et doivent jouer automatiquement le rôle protecteur auquel elles sont destinées ; il convient seulement d'admettre un léger écart entre la pression pour laquelle la soupape commence à se lever et la plus grande pression qui pourrait être atteinte si la vapeur n'avait d'autre voie d'écoulement que la soupape et si l'activité du feu était portée à son maximum. Déjà l'article 18 du décret du 1er février 1893 a réglé, pour les chaudières des bateaux naviguant à la mer, la question des soupapes de sûreté d'après ce principe.

44 — L'article 7 prévoit, en outre, que les mesures nécessaires doivent être prises pour que l'échappement de la vapeur ou de l'eau chaude ne puisse occasionner d'accident. C'est une condition à laquelle il est toujours possible de satisfaire en munissant, s'il en est besoin, chaque soupape d'un tuyau de dégagement convenablement disposé. Dans les chaufferies où aucune précaution n'avait été prise à cet égard, les échappements violents, auxquels les soupapes de sûreté donnent lieu quelquefois ont causé de regrettables accidents.

. . . .

Titre II

ÉTABLISSEMENT DES CHAUDIÈRES A VAPEUR
PLACÉES A DEMEURE

63. — Art. 19 et 20. — *Déclaration de mise en service.* — Les formalités de déclaration des chaudières à vapeur restent les mêmes que par le passé. L'usage est que la déclaration soit adressée au préfet en deux expéditions, dont une sur papier timbré. L'expédition sur timbre, après avoir été revêtue du visa du préfet, est rendue au déclarant pour servir de titre : c'est sous cette forme qu'il est donné acte de la déclaration.

64. — Le décret de 1880 ne spécifiait pas qu'une chaudière, déclarée avant sa mise en service par celui qui se propo-

sait d'en faire usage, dût être déclarée à nouveau si l'usager venait à changer. C'est la circulaire du 21 juillet 1880 qui avait dit que le changement d'usager devait être porté à la connaissance du préfet Le nouveau décret règle nettement cette question : la déclaration doit comprendre, sous forme explicite, la désignation de l'usager, et il est spécifié que tout changement dans l'un des éléments déclarés entraîne l'obligation d'une déclaration nouvelle.

TITRE V

RÉCIPIENTS.

84. — Art 33. — *Définition des récipents soumis au règlement.* — Parmi les récipients à vapeur, le règlement nouveau, comme l'ancien, ne vise que ceux dont la capacité dépasse cent litres. De plus, il laisse de côté tous ceux dans lesquels des dispositions matérielles efficaces empêchent la pression effective de la vapeur de dépasser 300 grammes par centimètre carré, tandis que la clause d'exception correspondante, dans le texte de 1880, exigeait une communication avec l'atmosphère excluant toute pression effective nettement appréciable.

85. — Par contre, sous réserve de ce qui a trait à la capacité et à la pression, et abstraction faite des cylindres de machines avec ou sans enveloppes, des enveloppes de turbines et des tuyauteries, le nouveau titre V saisit tous les récipients qui reçoient de la vapeur d'eau empruntée à un générateur distinct, quelle que soit l'affectation de ces récipients, tandis que le décret de 1880 n'était applicable qu'à ceux servant à élaborer des matières ou à emmagasiner de l'eau à haute température, pour fournir ensuite un dégagement de chaleur ou de vapeur. Il y a là une généralisation qui mettra fin à des anomalies et que l'on trouve déjà, d'ailleurs, dans le décret du 1er février 1883 sur les appareils à vapeur placés à bord des bateaux naviguant à la mer.

86. — ART. 34. *Epreuve des récipients*. — La statistique des accidents montre qu'il importe de mettre soigneusement les récipients à l'abri d'une insuffisance de résistance ou d'un excès de pression.

87. — C'est pourquoi le nouveau décret ne maintient pas l'atténuation de la surcharge d'épreuve, que l'article 31 du règlement de 1880 stipulait en faveur des récipients Les conditions d'épreuve de ces appareils, aussi bien pour le taux de la pression hydraulique que pour les circonstances motivant l'épreuve, seront les mêmes que pour les générateurs de vapeur (1).

88. — Il est à noter toutefois que, d'après la loi de 1856-1890, le fabricant qui livre un récipient sans qu'il ait été soumis aux épreuves prescrites n'encourt pas les mêmes peines que s'il s'agissait d'une chaudière Dans le cas d'un récipient neuf, la peine applicable est celle fixée par l'article 2, tel qu'il se trouve libellé en vertu de l'article 1ʳ de la loi du 18 juillet 1900. Quant au cas d'un récipient ayant subi, dans les ateliers d'un fabricant, des changements ou des réparations notables, il n'est pas explicitement prévu par la loi de 1856, dont l'article 1ᵉʳ ne s'applique qu'aux chaudières et autres pièces destinées à produire de la vapeur, et dont l'article 2 modifié ne vise que la première livraison des récipients. Par conséquent, si un constructeur ou réparateur, après avoir fait subir, dans son atelier, à un récipient tombant sous l'application du titre V du décret, des changements ou des réparations notables, ne demandait pas le renouvellement de l'épreuve, il commettrait une contravention à l'article 3 du décret, rendu applicable aux récipients par l'article 34 du même décret, mais cette contravention tomberait seulement sous l'application de l'article 2 de la loi du 18 juillet 1900.

89. — ARL. 35 et 36. — *Appareils de sûreté*. — Les récipients à vapeur ayant besoin d'être garantis d'une manière particulière contre les excès de pression, les prescriptions

---

(1) Voir à la fin, le tableau des Pressions d'Épreuve page 31.

relatives aux soupapes dont ces appareils doivent être pourvus ont été rendues plus complètes que par le passé. Ils doivent être pourvus de deux soupapes si leur capacité atteint ou dépasse un mètre cube. Pour la même raison, il devient obligatoire d'adjoindre un manomètre à la soupape ou aux soupapes de sûreté, conformément d'ailleurs à un usage déjà répandu dans beaucoup d'industries.

90. — Afin de prévenir tout malentendu, il convient de noter :

91. — 1° Que les détendeurs de vapeur ne sauraient en aucun cas tenir lieu des soupapes de sûreté réglementaires ;

92. — 2° Qu'un purgeur automatique ne saurait constituer, entre un récipient et l'atmosphère, un moyen de communication capable de limiter la pression.

93. — ART. 37 — *Emplacement des récipients.* — Le décret de 1880 n'assujettissait à aucune condition d'emplacement les récipients à vapeur. Le nouveau décret fait de même pour ceux qui, ne pouvant accumuler d'eau à haute température, ne sauraient constituer de puissants réservoirs d'énergie. Mais ceux qui renferment de l'eau, et dont le produit caractérisque excède 200, ne pourront plus être installés à demeure dans une maison habitée ni dans un bâtiment fréquenté par le public.

TITRE VI

DISPOSITIONS GÉNÉRALES

94. — ART. 39, 40 et 41. — *Mesures d'entretien.* — Sous le titre des dispositions générales, les innovations les plus importantes sont contenues dans les articles 39, 40 et 41, qui remplacent l'article 36 du précédent règlement.

95. — L'article 39 du nouveau décret pose tout d'abord cette règle essentielle, que les ....., récipients à vapeur en activité, ainsi que leurs appareils et dispositifs de sûreté, doivent être constamment en bon état d'entretien et de service. Indépendamment des mesures particulières que

prescrit la suite du texte, en vue d'en mieux assurer l'exécution, on notera la portée et la généralité de cette règle. Elle oblige tous ceux qui ont charge d'un appareil à vapeur, chacun dans la mesure et suivant la spécialité de sa fonction.

96. — Les deux paragraphes suivants de l'article 39 ont pour objet de préciser les conditions générales dans lesquelles on doit assurer .... l'entretien de tous les appareils assujettis au décret ..... L'exploitant, c'est-à-dire celui qui fait, par lui-même ou par ses préposés, usage de l'appareil, est tenu d'assurer en temps utile les nettoyages, les réparations et les remplacements nécessaires : ce sont là des obligations dont l'étude des accidents n'a cessé de montrer l'importance, et sur lesquelles le service des Mines devra, d'une manière particulière, s'attacher à appeler l'attention des exploitants.

97. — La suite de l'article 39 a trait aux circonstances dans lesquelles il est obligatoire de faire procéder à l'examen défini par l'article 40. C'est la vérification que le décret de 1880 appelait *visite complète, tant à l'intérieur qu'à l'extérieur*, et qu'il prescrivait d'effectuer à des intervalles rapprochés pour constater l'état des appareils et assurer l'exécution, en temps utile, des réparations ou remplacements nécessaires. On s'est attaché à rendre la nouvelle rédaction aussi précise que possible au sujet de l'intervalle admissible entre les examens. Il doit y être procédé au minimum une fois chaque année ; chacun des cas mentionnés à l'article 3, dans lesquels une réépreuve hydraulique peut être exigée de l'usager, doit être l'occasion d'un examen de ce genre, que l'épreuve ait lieu ou non ; il doit également être procédé à cet examen chaque fois que l'appareil arrive à l'expiration de la période décennale ... visée aux articles 3 ..., qu'il y ait ou non octroi d'un sursis pour le renouvellement de l'épreuve.

98. — On remarquera que la visite complète, à l'intérieur comme à l'extérieur, devient le complément obligatoire de toute réépreuve hydraulique, conformément au vœu émis par le congrès international de surveillance et de sécurité en matière d'appareils à vapeur, réuni à Paris en 1900. La

faculté donnée à l'Administration d'exiger ou de ne pas exiger la réépreuve ne doit donc pas être comprise comme laissant une sorte d'alternative, entre un examen effectué par un visiteur compétent ou un essai hydraulique opéré en présence d'un fonctionnaire du service des Mines. Ce service peut, suivant les circonstances, juger ou non l'essai hydraulique nécessaire ; mais l'intervention du visiteur est obligatoire dans tous les cas.

99. — Si un appareil est en état de chômage prolongé, il va sans dire qu'il peut être sursis à l'examen tant que le chômage dure, mais la remise en service placera ensuite l'appareil dans l'un des cas prévus par l'article 3.

100 — L'article 40 indique en quoi consiste l'examen. Comme l'a déjà signalé la circulaire du 3 avril 1900, il importe d'en faire bien comprendre aux intéressés le caractère ; il ne doit pas être confondu avec de simples opérations de nettoyage ; il doit avoir expressément pour objet la reconnaissance de l'état des tôles, des rivures, etc.. ; il nécessite, par conséquent, le choix d'un visiteur compétent et consciencieux.

101. — Ce visiteur dressera, de chaque examen, un compte rendu daté et signé, qui sera tenu à la disposition du service des Mines.

. . . .

102. — Enfin, la tenue d'un registre d'entretien, où les visites intérieures et extérieures seront notées à leur date, conformément à l'article 41, facilitera le contrôle du service des Mines.

. . . .

104. — ART. 43. — *Clause de non-rétroactivité.* — L'article 43 est destiné à éviter des effets rétroactifs qui gêneraient l'industrie sans utilité majeure. Le libellé en est plus général que celui de l'article 19 du règlement de 1880, parce que en 1880 aucune condition d'emplacement n'avait été imposée aux récipients, ni aucune exigence nouvelle introduite relativement aux appareils de sûreté.

. . . .

CHAPITRE II

REMARQUES SUR DIVERSES CONDITIONS DE SÉCURITÉ

111. — *Construction des appareils.* — Le règlement nouveau, comme ceux qu'il remplace, laisse à peu près entière la liberté du constructeur. On a compté, pour assurer l'observation des règles de l'art dans la construction des appareils à vapeur, sur les responsabilités qui sont la conséquence de cette liberté même et sur les intérêts bien entendus de l'industrie. Le service des Mines doit, d'ailleurs, tant à l'occasion des épreuves qu'au cours des tournées de surveillance, attirer l'attention des constructeurs et des exploitants sur la nécessité d'une construction appropriée à l'état actuel de la métallurgie et aux hautes pressions qui sont maintenant en usage. Les matériaux modernes demandent un choix sévère et des précautions spéciales de mise en œuvre ; ils ne supportent pas impunément certains procédés de travail dont s'accommodaient les anciennes tôles. La fonte de fer doit être aujourd'hui considérée comme exclue de la bonne construction, surtout pour les pièces de grandes dimensions et à timbre élevé.

112. — *Appareils de sûreté.* — Il est à recommander que chaque soupape de sûreté soit chargée, ou par un poids unique, ou par un ressort ayant sa tension matériellement limitée à la valeur convenable, au moyen d'une bague d'arrêt ou d'un dispositif équivalent.

. . . .

122. — Pour l'éclairage, il convient de prendre des dispositions telles qu'un accident éventuel d'appareil à vapeur ou de tuyauterie, survenant au cours du service, ne plonge pas dans l'obscurité le local ni les chemins de retraite.

. . . .

124. — *Dangers du serrage des joints sur les appareils en pression.* — Une cause relativement fréquente d'accidents de personnes est le serrage des joints sur les appareils en pression. C'est là une opération sur les dangers de laquelle le service des Mines ne devra pas négliger d'appeler l'attention des intéressés.

CHAPITRE III.

INDICATIONS D'ORDRE GÉNÉRAL

125. — *Personnes responsables de l'observation du règlement.* — Aux termes de la loi de 1856-1900, le fabricant est responsable de l'épreuve avant livraison d'un appareil neuf..... Celui qui fait usage..... d'un récipient à vapeur est responsable de la situation régulière de l'appareil sous le rapport du timbrage, des appareils de sûreté, des dispositions du local ; c'est lui qui est tenu de faire la déclaration de mise en service et, en cas de changements ou de réparations notables, d'aviser le préfet, et de faire renouveler l'épreuve si le préfet l'ordonne.

126. — Le chauffeur ou le mécanicien est spécialement frappé par la loi, s'il fait fonctionner..... un récipient de vapeur à une pression supérieure au degré indiqué sur le timbre..... ou s'il..... fausse ou paralyse les autres appareils de sûreté (1) ; dans le cas où l'ordre d'agir ainsi lui aurait été donné par le propriétaire, le chef de l'entreprise, le directeur, le gérant ou le préposé, l'auteur de cet ordre encourrait d'ailleurs, de son côté, une pénalité plus sévère encore.

. . . .

129. — *Rôle des associations de propriétaires d'appareils à vapeur.* — Les garanties de sécurité peuvent être grandement accrues, dans certains établissements, par la surveillance et les conseils d'une Association de propriétaires d'appareils à vapeur bien dirigée et disposant de bons inspecteurs. Déjà le règlement de 1880 prévoyait explicitement, dans son article 3, l'intervention de celles de ces Associations qui seraient agréées par le Ministre. Il ouvrait leur champ

---

(1) Autres que les soupapes de sûreté. (*Note de M. Schmidt*).

d'action par les dispositions de cet article et par celles de l'article 36. Depuis lors, les Associations ont rendu d'utiles services à la sécurité publique ; leur développement mérite d'être encouragé et il est devenu possible à l'Administration de remplacer, dans une mesure croissante, l'inspection et la vérification directe des appareils à vapeur que ces Associations surveillent, par le contrôle exercé sur le fonctionnement desdites Associations. C'est dans cet esprit que l'article 3 du nouveau décret, non seulement reproduit, au sujet des cas où la réépreuve pourra ne pas être exigée, les dispositions du précédent règlement, mais encore permet de surseoir à la réépreuve décennale, lorsque le bon état de l'appareil dans toutes ses parties est attesté par une Association de propriétaires d'appareils à vapeur dûment agréée à cet effet. C'est aussi dans le même esprit que les articles 39, 40 et 41 n'ont pas craint de rendre plus strictes que par le passé les règles relatives à la visite intérieure et extérieure des appareils, le développement pris par les Associations mettant aujourd'hui à la portée des industriels un moyen de s'acquitter des obligations ainsi déterminées.

Pressions d'Épreuves des .... Récipients de Vapeur pour les Timbres de 0 k. 300 à 20 kg. par centimètre carré.

TIMBRE en kg. par cm	PRESSION D'ÉPREUVE		TIMBRE en kg. par cm²	PRESSION D'ÉPREUVE	
	Grande surcharge	Petite surcharge		Grande surcharge	Petite surcharge
0.300	0.800	0.550	8.500	14.500	11.500
0.400	0.900	0.650	9.000	15.000	12.000
0.500	1.000	0.750	9.500	15.500	12.500
0.600	1.200	0.900	10.000	16.000	13.000
0.700	1.400	1.050	10.500	16.500	13.500
0.800	1.600	1.200	11.000	17.000	14.000
0.900	1.800	1.350	11.500	17.500	14.500
1.000	2.000	1.500	12.000	18.000	15.000
1.250	2.500	1.875	12.500	18.500	15.500
1.500	3.000	2.250	13.000	19.000	16.000
1.750	3.500	2.625	13.500	19.500	16.500
2.000	4.000	3.000	14.000	20.000	17.000
2.500	5.000	3.750	14.500	20.500	17.500
3.000	6.000	4.500	15.000	21.000	18.000
3.500	7.000	5.250	15.500	21.500	18.500
4.000	8.000	6.000	16.000	22.000	19.000
4.500	9.000	6.750	16.500	22.500	19.500
5.000	10.000	7.500	17.000	23.000	20.000
5.500	11.000	8.250	17.500	23.500	20.500
6.000	12.000	9.000	18.000	24.000	21.000
6.500	12.500	9.500	18.500	24.500	21.500
7.000	13.000	10.000	19.000	25.000	22.000
7.500	13.500	10.500	19.500	25.500	22.500
8.000	14.000	11.000	20.000	26.000	23.000

Grande surcharge. — (Décret, art. 4. al. 5.) Appareils neufs ; Changements notables ; Grandes réparations.

Petite surcharge. — (Décret, art. 4, al. 6.) Autres cas (1).

(1) Dans les autres cas, il y a notamment les réépreuves décennales, les réépreuves après chômage, après nouvelle installation, et après réparations autres que les grandes. Rien n'est spécifié pour les réparations notables. (*Note de M. Schmidt*).

Amiens. — Imp. T. Jeunet, 45, rue des Capucins.